AF454894

ARREST
DU CONSEIL D'ESTAT DU ROY,

Concernant l'Ordre du Saint Esprit.

Du 4. Mars 1721.

A PARIS,
DE L'IMPRIMERIE ROYALE.

M. DCCXXI.

ARREST
DU CONSEIL D'ESTAT DU ROY,

Concernant l'Ordre du Saint Esprit.

Du 4. Mars 1721.

Extrait des Registres du Conseil d'Estat.

LE ROY s'estant fait representer en son Conseil l'Edit du mois de Janvier 1720. par lequel Sa Majesté auroit créé & constitué au profit de l'Ordre du Saint Esprit Quatre cens mille livres de Rentes annuelles & perpetuelles, à prendre sur les deniers provenans des Droits d'Aydes, Gabelles & Cinq Grosses Fermes & autres Droits & Impositions, Et specialement sur les Droits d'Aydes & Entrées de la Ville de Paris, tant pour luy tenir lieu des Six vingt mille Ecus accordez audit Ordre pour sa fondation & dotation par le Roy Henry III. lorſqu'il en fit l'Inſtitution, que pour demeurer quitte par Sa Majeſté envers ledit Ordre, des Deux Millions cinq cens trente-un mille ſix cens vingt-deux livres ſeize ſols ſix deniers, dont Sa Majeſté s'eſt trouvé luy eſtre redevable en principaux & intereſts, à cauſe de pluſieurs prêts & avances faits par ledit Ordre aux Roys ſes predeceſſeurs, Et portez en ſon épargne dans les années 1636. 1650. & 1656. pour ſubvenir aux beſoins de l'Eſtat & aux dêpenſes de la Guerre : En conſideration de laquelle Conſtitution de Quatre cens mille livres de Rentes, ledit Ordre auroit cedé & abandonné à Sa Majeſté le Droit de marc d'Or, doublement d'iceluy & le dixiéme des Dons provenans des liberalitez que Sa Majeſté fait à ſes Sujets, leſquels appartenoient audit Ordre, & faiſoient partie de ſa fondation & dotation; Leſquels Droits Sa Majeſté en conſequence de ladite ceſſion auroit réünis à ſon Domaine par ledit Edit, à condition toutesfois, ainſi qu'il eſt expreſſement porté par iceluy, que ledit Droit de marc d'Or, doublement d'iceluy, & dixiéme des Dons demeureroient à perpetuité & par privilege ſpecial, ſans aucune derogation ni novation, affectez & hypotequez à la garantie de ladite Rente de Quatre cens mille livres, En ſorte que l'Ordre au défaut du payement deſdites Quatre cens mille livres de Rente ou de partie d'icelles, pût toûjours rentrer de plein droit dans la joüiſſance dudit Droit de marc d'Or, doublement d'iceluy, & dixiéme des Dons, ſans qu'il ſoit beſoin d'aucune nouvelle conceſſion ni confirmation de la part de Sa Majeſté. Et Sa Majeſté s'eſtant auſſi fait repreſenter en ſon Conſeil les deux Arreſts rendus en iceluy les 5. Juillet & 19. Novembre 1720. & les Lettres Patentes intervenuës ſur iceux, regiſtrées en la Chambre des Comptes, par leſquels les S.rs Mouſle de Champigny & Chupin anciens Treſoriers du Marc d'Or, ſupprimez par ledit Edit, auroient eſté commis pour en faire la Recette; Sçavoir ledit S.r de Champigny pour l'année 1720. & ledit S.r Chupin pour la preſente année 1721. par lesquels Arrests & Lettres Patentes, il est ordonné que les deniers provenans dudit Droit de Marc d'Or & doublement d'iceluy, seroient portez au Tresor Royal; Et Sa Majesté voulant asseûrer & faciliter à l'Ordre du Saint Esprit le payement desdites Quatre cens mille livres de Rentes par chacun an, Et que les Droits de Marc d'Or & doublement d'iceluy, qui y sont affectez par privilege special, ne puissent estre employez à l'avenir à aucun usage, qu'aprés que l'Ordre aura esté entierement payé desdites Quatre cens mille livres par chacune année, Et jugeant qu'il est plus convenable de faire remettre par les Commis à la Recette du Marc d'Or les deniers en provenans, immediatement entre les mains du Grand Tresorier de l'Ordre, que de les faire porter par lesdits Commis au Tresor Royal, & par le Garde du Tresor Royal aux Fermiers ou Regisseurs de Sa Majesté, pour estre ensuite par eux remis au Grand Tresorier dudit Ordre; A quoy voulant pourvoir, Oüy le Rapport du S.r Le Pelletier de la Houssaye Conseiller d'Estat ordinaire & au Conseil de Regence pour les Finances, Controlleur General des Finances. SA MAJESTÉ ESTANT EN SON CONSEIL, de l'avis de Monsieur le Duc d'Orleans Regent, a Ordonné & ordonne ce qui ensuit.

ARTICLE PREMIER.

QU'A l'avenir & à commencer pour la presente année entiere 1721. le S.r Chupin Commis à la Recette des Droits de Marc d'Or & doublement d'iceluy pour ladite année, Et ceux qui seront dans la suite commis & establis par l'Ordre du Saint Esprit pour faire annuellement ladite Recette, auquel Ordre Sa Majesté a attribué & attribue tout pouvoir d'y commettre à l'avenir & au Controlle d'icelle, suivant les Commissions qui seront expediées par le Greffier & scellées par le Chancelier desdits Ordres, seront tenus de remettre de mois en mois les deniers provenans desdits Droits de Marc d'Or, entre les mains du S.r Crozat Grand Tresorier des Ordres de Sa Majesté, & de ceux qui luy succederont dans ladite Charge, sur leurs simples Quittances, Et ce jusqu'à concurrence des Quatre cens mille livres de Rentes annuelles & perpetuelles créées & constituées par Sa Majesté au profit dudit Ordre par l'Edit du mois de Janvier 1720. lesquelles Quittances desdits S.rs Grands Tresoriers desdits Ordres seront passées & alloüées dans les Estats & Comptes desdits Commis à la Recette du Marc d'Or sans difficulté; Et sera néantmoins prealablement pris & prelevé sur ladite Recette du Marc d'Or les sommes ausquelles se trouveront monter les Appointemens ou Taxations des Commis à ladite Recette & Controlle, & les fonds necessaires pour les épices, façons, vacations & frais de reddition desdits Comptes du Marc d'Or en la Chambre des Comptes, que les Commis à ladite Recette retiendront par leurs mains à cet effet.

II.

LORSQUE ladite Recette du Marc d'Or ne se trouvera pas monter à la somme de Quatre cens mille livres par an, outre & pardessus les dépenses cy-dessus, ce qui défaudra desdites Quatre cens mille livres sera payé par les Fermiers & Regisseurs des Fermes-Unies, entre les mains du S.r Grand Tresorier desdits Ordres, Et en rapportant par lesdits Fermiers ou Regisseurs la Quittance dudit S.r Grand Tresorier avec un Certificat du Commis à la Recette du Marc d'Or, du montant de ladite Recette & de ce qui en revient & qui aura esté payé à l'Ordre, deduction faite des dépenses cy-dessus mentionnées, Ensemble des Copies collationnées ou ampliations des Quittances fournies par ledit S.r Grand Tresorier au Commis à ladite Recette du Marc d'Or, ce qui aura esté payé par lesdits Fermiers ou Regisseurs audit S.r Grand Tresorier, pour le Supplement & parfait payement desdites Quatre cens mille livres, sera passé & alloüé dans leurs Estats & Comptes sans difficulté.

III.

LORSQUE la Recette du Marc d'Or excedera ladite somme de Quatre cens mille livres, outre & pardessus lesdépenses cy-devant mentionnées, la somme à laquelle montera cet excedent sera remise par le Commis à la Recette du Marc d'Or entre les mains de celuy qui sera en Exercice l'année suivante, qui s'en chargera en Recette dans son Compte, pour estre le fonds provenant dudit excedent, avec ceux de l'année courante, employé au payement desdites Quatre cens mille livres de Rentes deües à l'Ordre sur les Quittances dudit S.r Grand Tresorier, comme il est ordonné cy-dessus; Et en rapportant par le Commis à ladite Recette du Marc d'Or la Quittance de la somme qui aura esté par luy remise au Commis en Exercice l'année suivante, elle sera passée dans ses Estats & Comptes sans difficulté, Et la Recette du Commis à l'Exercice du Marc d'Or de l'année suivante, auquel le fonds dudit excedent aura esté remis, sera pareillement admise dans ses Estats & Comptes, en rapportant l'ampliation de la Quittance qu'il aura fournie au Commis à ladite Recette en Exercice l'année precedente.

IV.

ORDONNE Sa Majesté que l'Arrest du Conseil du 5. Juillet 1720. & Lettres Patentes registrées en la Chambre des Comptes, par lesquelles le S.r Moufle de Champigny a esté commis à la Recette du Marc d'Or pour l'année 1720. seront executez suivant leur forme & teneur; Et en consequence que ledit S.r de Champigny portera, si fait n'a esté, les fonds dudit Exercice au Tresor Royal, lesquels seront remis par le Garde du Tresor Royal entre les mains du Fermier des Fermes-Unies de Sa Majesté, pour estre par luy employez jusqu'à concurrence, au payement des Quatre cens mille livres de Rentes créées & constituées au profit dudit Ordre de Sa Majesté par ledit Edit du mois de Janvier 1720. Et pour l'Execution du present Arrest seront toutes Lettres necessaires expediées. FAIT au Conseil d'Estat du Roy, Sa Majesté y estant, tenu à Paris le quatriéme jour de Mars mil sept cens vingt-un. *Signé* PHELYPEAUX.

LETTRES PATENTES.

LOUIS PAR LA GRACE DE DIEU ROY DE FRANCE ET DE NAVARRE : A nos amez & feaux Conſeillers les Gens tenans noſtre Chambre des Comptes à Paris, SALUT. Nous eſtant fait repreſenter nôtre Edit du mois de Janvier 1720. par lequel Nous aurions créé & conſtitué au profit de nôtre Ordre du Saint Eſprit Quatre cens mille livres de Rentes annuelles & perpetuelles, à prendre ſur les deniers provenans des Droits d'Aydes, Gabelles & Cinq Groſſes Fermes & autres Droits & Impoſitions, & ſpecialement ſur les Droits d'Aydes & Entrées de nôtre bonne Ville de Paris, tant pour luy tenir lieu des Six vingt mille Ecus accordez audit Ordre pour ſa fondation & dotation, par le Roy Henry III. lorſqu'il en fit l'Inſtitution, que pour demeurer par Nous quitte envers ledit Ordre des Deux Millions cinq cens trente-un mille ſix cens vingt-deux livres ſeize ſols ſix deniers dont Nous nous ſommes trouvez luy eſtre redevables en principaux & intereſts, à cauſe de pluſieurs preſts & avances faits par ledit Ordre aux Roys nos predeceſſeurs, Et portez en nôtre Epargne dans les années 1636. 1650. & 1656. pour ſubvenir aux beſoins de l'Eſtat & aux dépenſes de la Guerre; En conſideration de laquelle Conſtitution de Quatre cens mille livres de Rentes, ledit Ordre nous auroit cedé & abandonné le Droit de Marc d'Or, doublement d'iceluy, & le dixiéme des dons provenans des liberalitez que Nous avons faites à nos Sujets, leſquels appartenoient audit Ordre & faiſoient partie de ſa fondation & dotation, leſquels Droits nous aurions réünis à nôtre domaine par noſtredit Edit, à condition toutesfois, ainſi qu'il eſt expreſſement porté par iceluy, que ledit Droit de Marc d'Or, doublement d'iceluy & dixiéme des dons demeureroient à perpetuité & par privilege ſpecial, ſans aucune derogation ni novation, affectez & hypotequez à la garantie de ladite Rente de Quatre cens mille livres, Enſorte que l'Ordre au deffaut du payement deſdits desdites Quatre cens mille livres de Rente ou de partie d'icelles, pût toûjours rentrer de plein droit dans la joüissance dudit Droit de Marc d'Or, doublement d'iceluy & dixiéme des dons, sans qu'il soit besoin d'aucune nouvelle concession ni confirmation de nôtre part; Et nous estant aussi fait representer les deux Arrests rendus en nôtre Conseil les 5. Juillet & 19. Novembre 1720. & les Lettres Patentes intervenües sur iceux registrées en nostre Chambre des Comptes, par lesquels les S.rs Moufle de Champigny & Chupin anciens Tresoriers du Marc d'Or, supprimez par nostredit Edit, auroient esté commis pour en faire la Recette; Sçavoir, ledit S.r de Champigny pour l'année 1720, & ledit S.r Chupin pour la presente année 1721, par lesquels Arrests & Lettres Patentes il est ordonné que les deniers provenans dudit Droit de Marc d'Or & doublement d'iceluy qui y sont affectez par privilege special, ne puissent estre employez à l'avenir à aucun usage, qu'aprés que l'Ordre aura esté entierement payé desdites Quatre cens mille livres par chacune année: Et jugeant qu'il est plus convenable de faire remettre par les Commis à la Recette du Marc d'Or les deniers en provenans, immediatement entre les mains du grand Tresorier de l'Ordre, que de les faire porter par lesdits Commis en nôtre Tresor Royal, & par le Garde du Tresor Royal à nos Fermiers ou Regisseurs, pour estre ensuite par eux remis au Grand Tresorier dudit Ordre, Nous y avons pourveû par l'Arrest cy-attaché sous le Contre-scel de nôtre Chancellerie, cejourd'huy donné en nôtre Conseil d'Estat, Nous y estant, pour l'Execution duquel Nous avons ordonné que toutes Lettres necessaires seroient expediées; Et voulant que ledit Arrest sorte son plein & entier effet. A CES CAUSES, de l'avis de nostre tres cher & tres amé Oncle le Duc d'Orleans petit fils de France Regent, de nostre tres cher & tres amé Oncle le Duc de Chartres premier Prince de nostre Sang, de nostre tres cher & tres amé Cousin le Duc de Bourbon, de nostre tres cher & tres amé Cousin le Comte de Charollois, de nostre tres cher & tres amé Cousin le Prince de Conty, Princes de nostre Sang, de nostre tres cher & tres amé Oncle le Comte de Toulouse Prince legitimé, & autres Pairs de France, grands & notables Personnages de nostre Royaume qui ont veû ledit Arrest, & conformement à iceluy Nous avons ordonné, Et par ces presentes signées de nostre main Ordonnons ce qui ensuit.

Article Premier.

Qu'a l'avenir & à commencer pour la presente année entiere 1721. le Sr Chupin Commis à la Recette des Droits de Marc d'Or & doublement d'iceluy pour ladite année, Et ceux qui seront dans la suite commis & establis par nôtre Ordre du Saint Esprit pour faire annuellement ladite Recette, auquel Ordre Nous avons attribué & attribuons tout pouvoir d'y commettre à l'avenir & au Controlle d'icelle suivant les Commissions qui seront expediées par le Greffier & scellées par le Chancelier de nos Ordres, seront tenus de remettre de mois en mois les deniers provenans desdits Droits de Marc d'Or, entre les mains du Sr Crozat Grand Tresorier de nos Ordres & de ceux qui luy succederont dans ladite Charge, sur leurs simples Quittances, Et ce jusqu'à concurrence des Quatre cens mille livres de Rentes annuelles & perpetuelles par nous constituées au profit dudit Ordre par Edit du mois de Janvier 1720; Lesquelles Quittances desdits Srs Grands Tresoriers desdits Ordres, seront passées & alloüées dans les Estats & Comptes desdits Commis à la Recette du Marc d'Or sans difficulté; Et sera néantmoins prealablement pris & prelevé sur ladite Recette du Marc d'Or les sommes ausquelles se trouveront monter les appointemens ou taxations des Commis à ladite Recette & Controlle, Et les fonds necessaires pour les Epices, façons, vacations & frais de reddition desdits Comptes du Marc d'Or en la Chambre des Comptes, que les Commis à ladite Recette retiendront par leurs mains à cet effet.

II.

Lorsque ladite Recette du Marc d'Or ne se trouvera pas monter à la somme de Quatre cens mille livres par an, outre & par dessus les dêpenses cy-dessus, ce qui defaudra desdites Quatre cens mille livres, sera payé par les Fermiers & Regisseurs de nos Fermes-Unies, entre les mains du S.r Grand Tresorier desdits Ordres, Et en rapportant par lesdits Fermiers ou Regisseurs la Quittance dudit S.r grand Tresorier, avec un Certificat du Commis à la Recette du Marc d'Or du montant de ladite Recette, & de ce qui en revient & qui aura esté payé à l'Ordre, deduction faite des dêpenses cy-dessus mentionnées, Ensemble des Copies collationnées ou ampliations des Quittances, fournies par ledit S.r Grand Tresorier au Commis à ladite Recette du Marc d'Or, ce qui aura esté payé par lesdits Fermiers ou Regisseurs audit S.r Grand Tresorier pour le supplement & parfait payement desdites Quatre cens mille livres, sera passé & alloüé dans leurs Estats & Comptes sans difficulté.

III.

Lorsque la Recette du Marc d'Or excedera ladite somme de Quatre cens mille livres, outre & pardessus les dêpenses cy-devant mentionnées, la somme à la quelle montera cet excedent sera remise par le Commis à la Recette du Marc d'Or entre les mains de celuy qui sera en Exercice l'année suivante, qui s'en chargera en Recette dans son Compte, pour estre le fonds provenant dudit excedent, avec ceux de l'année courante, employé au payement desdites Quatre cens mille livres de Rentes deües à l'Ordre, sur les Quittances dudit S.r Grand Tresorier, comme il est ordonné cy-dessus, Et en rapportant par le Commis à ladite Recette du Marc d'Or la Quittance de la somme qui aura esté par luy remise au Commis en Exercice l'année suivante, elle sera passée dans ses Estats & Comptes sans difficulté, & la Recette du Commis à l'Exercice du Marc d'Or de l'année suivante, auquel le fonds dudit excedent aura esté remis, sera pareillement admise dans ses Estats & Comptes, en rapportant l'ampliation de la Quittance qu'il aura fournie au Commis à ladite Recette en Exercice l'année precedente.

IV.

ORDONNONS que l'Arrest de nôtre Conseil du 5. Juillet 1720. & Lettres Patentes registrées en nôtre Chambre des Comptes, par lesquelles le S.r Mousle de Champigny a esté Commis à la Recette du Marc d'Or pour l'année 1720. seront executées suivant leur forme & teneur; Et en consequence que ledit S.r de Champigny portera, si fait n'a esté, les fonds dudit Exercice en nôtre Tresor Royal, lesquels seront remis par le Garde du Tresor Royal entre les mains du Fermier de nos Fermes-Unies, pour estre par luy employez jusqu'à concurrence, au payement des Quatre cens mille livres de Rentes créées & constituées au profit de nôtre Ordre par ledit Edit du mois de Janvier 1720.

SI VOUS MANDONS que ces presentes vous ayez à faire lire, publier & registrer, & le contenu en icelles garder, observer & executer selon leur forme & teneur, cessant & faisant cesser tous troubles & empeschemens qui pourroient estre mis ou donnez, nonobstant tous Edits, Declarations, Arrests & autres choses à ce contraires, ausquels nous avons dérogé & derogeons par cesdites presentes. CAR TEL EST NOSTRE PLAISIR. Donné à Paris le quatriéme jour de Mars, l'an de grace mil sept cens vingt-un, Et de nôtre Regne le sixiéme. *Signé* LOUIS. *Et plus bas*, Par le Roy, le Duc D'ORLEANS Regent present. *Signé* PHELYPEAUX. Et scellé.

Registrées en la Chambre des Comptes, Oüy & ce requerant le Procureur General du Roy, pour joüir par les Princes, Prelats, Chevaliers & Officiers dudit Ordre du Saint Esprit, des mêmes sommes & sur les mêmes fonds du Marc d'Or, en la même maniere qu'ils avoient accoûtumez d'en joüir avant l'Edit du mois de Janvier 1720. Registré en la Chambre le 23. Fevrier ensuivant, & non autrement, ni pour plus grandes sommes, à la deduction des

Gages, augmentations de Gages, Taxations & autres Droits qui estoient payez aux Tresoriers & Controlleurs du Marc d'Or, lesquels au moyen de la suppression desdits Officiers & des Remboursemens qui leur ont esté faits des Finances de leurs Offices, seront portez au Tresor Royal, retenu sur iceux ce qu'il plaira au Roy accorder, aux Commis & Controlleurs à ladite Recette du Marc d'Or, Et sera compté dudit Marc d'Or en la mesme forme & maniere qu'il en estoit compté avant ledit Edit de Janvier 1720. sauf ausdits Princes, Prelats, Commandeurs, Chevaliers & Officiers de l'Ordre du Saint Esprit, à se pourvoir pardevers le Roy pour raison des Creances par eux pretenduës sur le Roy, les Semestres assemblez le quinziéme jour de Mars mil sept cens vingt-un. Signé RICHER.

DECLARATION

DECLARATION DU ROY,

Concernant l'Ordre du Saint Esprit.

Donné à Paris le 18. May 1721.

Registré en la Chambre des Comptes le 18. Juin 1721.

LOUIS PAR LA GRACE DE DIEU ROY DE FRANCE ET DE NAVARRE : A tous ceux qui ces presentes Lettres verront, SALUT. Les Roys nos predeceſſeurs ayant eû un ſoin particulier de maintenir l'Ordre & Milice du Saint Eſprit dans toute ſa ſplendeur, ſuivant le ſerment qu'ils font le jour de leur Sacre, de ne jamais le laiſſer déchéoir, amoindrir ni diminuer, tant qu'il ſera en leur pouvoir ; C'eſt dans les mêmes veües & pour imiter leur exemple, que Nous nous fîmes rendre compte au mois de Janvier de l'année derniere 1720. de l'eſtat où eſtoient les fonds attribuez audit Ordre : Et ayant reconnu par l'examen que Nous en fîmes faire en noſtre Conſeil, que le fonds de la moitié du Marc d'Or dont l'Ordre joüiſſoit ſeulement pour lors, avec celuy du dixiéme des Dons provenans des liberalitez que Nous faiſons à ceux de nos Sujets que Nous voulons gratifier, accordé auſſi audit Ordre, n'eſtoient pas à beaucoup prés ſuffiſans pour ſon entretien & pour remplir la fondation & dotation des Six vingt mille Ecus attribuez audit Ordre par le Roy Henry III. lors de ſon Inſtitution, Et qu'en outre à cauſe de pluſieurs preſts & avances conſiderables faits aux Roys nos predeceſſeurs par ledit Ordre, en deniers comptans portez en noſtre Epargne dans les années 1636. 1650. & 1656. pour ſubvenir aux beſoins de l'Eſtat & aux dépenſes de la Guerre, Nous nous trouvions redevables audit Ordre, tant en principaux qu'intereſts, ſuivant la verification qui en fut faite pour lors en nostre Conseil, de la somme de Deux Millions cinq cens trente-un mille six cens vingt-deux livres seize sols six deniers, ainsi qu'il est plus au long expliqué par nostre Edit du mois de Janvier 1720. Nous avions ordonné qu'il seroit tenu un Chapitre General de l'Ordre, Et donné pouvoir à nostre tres cher & tres amé Oncle le Duc d'Orleans Regent d'y presider, afin d'aviser aux moyens les plus convenables, tant pour asseûrer un revenu fixe à l'Ordre, proportionné aux Six vingt mille Ecus à luy accordez pour sa fondation & dotation, que pour Nous acquitter envers ledit Ordre des Deux Millions cinq cens trente-un mille six cens vingt-deux livres seize sols six deniers dont Nous luy estions redevables, tant en principaux qu'interests, & dans la veûë que Nous avions de diminuer les Charges de nostre Estat, en ostant la multiplicité des Offices qui y ont esté introduits, & qui sont à present beaucoup diminuez, sur lesquels seuls le Droit de Marc d'Or peut estre perçeû, ayant lieu par rapport à ladite diminution d'Offices, d'apprehender que ces fonds ne fussent pas à l'avenir à beaucoup prés suffisans pour fournir par chacune année les Six vingt mille Ecus de la fondation & dotation dudit Ordre, Et qu'à faute d'avoir un fonds toûjours certain pour la manutention dudit Ordre, dont Nous sommes le Chef & Souverain grand Maître, & qui fût proportionné à la dêpense necessaire pour son entretien, il seroit à craindre qu'il ne vînt à déchoir de sa premiere dignité; Nous jugeâmes à propos d'asseûrer par un Edit irrevocable, un fonds certain & inmuable, & qui fût toûjours suffisant pour les dêpenses dudit Ordre, Et à cet effet, conformement à la Deliberation de l'Ordre du 14. Janvier 1720. Nous avons creé & constitué par nostre Edit du mesme mois, au profit dudit Ordre, pour toûjours & à perpetuité Quatre cens mille livres de Rentes annuelles & non racheptables, pour tenir lieu de la fondation & dotation dudit Ordre, à prendre sur les deniers provenans de nos Droits d'Aydes, Gabelles & Cinq Grofses Fermes, Impositions faites ou à faire, Revenus Casuels & tous nos autres Droits & Revenus presens & à venir generalement quelconques, Et specialement sur les Droits d'Aydes & Entrées de nôtre bonne Ville de Paris, pour en joüir par ledit Ordre, en vertu dudit Edit seulement & sans qu'il soit besoin d'autre Titre ni Ordonnance, Et en estre les arrerages payez de trois mois en trois mois à commencer du premier Janvier de ladite année 1720. par nos Fermiers Generaux ou autres Commis & les fonds remis à cet effet entre les mains du Grand Tresorier de nos Ordres sur ses simples Quittances, Et les deniers en provenans employez par ledit Grand Tresorier au payement des Gages, Pensions & appointemens des Officiers, & aux distributions des Princes, Cardinaux, Prelats, Chevaliers, Commandeurs & autres dépenses dudit Ordre, suivant les Estats qui en seront par Nous arrestez, comme Chef & Souverain Grand-Maître dudit Ordre, ainsi & de la maniere dont il s'est pratiqué jusqu'à present, dont ledit Grand Tresorier rendra compte par chacun an pardevant le Chancelier de nosdits Ordres, Surintendant des deniers d'iceux, & les Commissaires nommez à cet effet, en la maniere accoûtumée & non ailleurs, aux offres portées par ladite Deliberation de nous remettre & abandonner le Droit de Marc d'Or en entier, le doublement d'iceluy & le dixiéme des dons d'une part, Ensemble les Deux Millions cinq cens trente-un mille six cens vingt-deux livres seize sols six deniers, dont Nous estions redevables à l'Ordre d'autre part, en principaux & interests ainsi qu'il est plus au long porté par nostredit Edit du mois de Janvier 1720. à condition toutesfois conformement à ladite Deliberation & à nostredit Edit, que pour plus grande seûreté dudit Ordre ledit Droit de Marc d'Or, doublement d'iceluy & le dixiéme des dons demeureroient à perpetuité & par privilege special, sans aucune derogation ni novation, affectez & hypotequez à la garantie de ladite Rente de Quatre cens mille livres, ensorte que l'Ordre pût toûjours rentrer de plein Droit, non seulement

ſeulement dans la poſſeſſion dudit Droit de Marc d'Or, mais auſſi dans l'autre moitié dudit Droit de Marc d'Or qui eſtoit alors en nos mains, avec faculté perpetuelle audit Ordre de le remerer, & auſſi de pouvoir toûjours rentrer dans la joüiſſance du dixiéme des dons à nous cedez par ledit Ordre, ſans qu'il fût beſoin d'aucune nouvelle conceſſion ni confirmation de nôtre part, comme auſſi ſans deroger par ledit Ordre aux créances des Deux Millions cinq cens trente-un mille ſix cens vingt-deux livres ſeize ſols ſix deniers, dont Nous eſtions tenus envers ledit Ordre, leſquelles ſubſiſteront dans toute leur force, pour les pouvoir repeter par ledit Ordre contre Nous & nos ſucceſſeurs Roys, au deffaut du payement deſdites Quatre cens mille livres ou de partie d'icelles: Et par le même Edit Nous avons accepté le tranſport & retroceſſion faits par nôtre Ordre du Saint Eſprit à nôtre profit & de nos ſucceſſeurs Roys, du Droit de Marc d'Or, doublement d'iceluy, Enſemble du dixiéme des dons, que nous avons reünis à nôtre Domaine. Mais nous eſtant fait repreſenter les deux Arreſts rendus en nôtre Conſeil les 5. & 19. Novembre 1720. & Lettres Patentes intervenuës ſur iceux, regiſtrées en nôtre Chambre des Comptes, par leſquels les Srs Mouſle de Champigny & Chupin anciens Treſoriers du Marc d'Or, ſupprimez par ledit Edit du mois de Janvier 1720. auroient eſté commis pour faire la Recette dudit Droit de Marc d'Or; Sçavoir, le Sr de Champigny pour l'année 1720. & le Sr Chupin pour la preſente année 1721. par leſquels Arreſts & Lettres Patentes il eſt ordonné que les deniers provenans dudit Droit de Marc d'Or & doublement d'iceluy ſeront par eux portez en nôtre Treſor Royal, Nous avons crû ne pouvoir diſpoſer deſdits fonds provenans dudit Droit de Marc d'Or, qui ſont expreſſement & par privilege ſpecial affectez à la garantie deſdites Quatre cens mille livres de Rentes par Nous conſtituées à noſtre Ordre du Saint Eſprit, qu'aprés que noſtredit Ordre aura eſté entierement payé deſdites Quatre cens mille livres de Rentes par

C

chacun an ; Et dans cette veüe, ayant trouvé juste & necessaire pour la seûreté dudit Ordre, que les deniers provenans dudit Droit de Marc d'Or en entier, ne puissent estre employez à l'avenir à aucun usage, qu'auparavant nôtre Ordre du Saint Esprit n'ait esté entierement payé desdites Quatre cens mille livres de Rentes par chacun an, Nous avons pour la seûreté dudit payement desdites Quatre cens mille livres de Rentes, Ordonné par Arrest rendu en nôtre Conseil d'Estat, Nous y estant, le 4. Mars 1721. qu'à l'avenir & à commencer pour l'année entiere 1721. le S.r Chupin commis à la Recette du Marc d'Or & doublement d'iceluy pour ladite année, Et ceux qui seront cy-aprés commis pour faire ladite Recette, seront tenus de remettre de mois en mois les deniers provenans dudit Droit de Marc d'Or, entre les mains du S.r Crozat Grand Tresorier de nos Ordres & de ceux qui luy succederont dans ladite Charge, sur leurs simples Quittances, Et ce jusqu'à concurrence des Quatre cens mille livres de la Rente annuelle & perpetuelle par nous créée & constituée à perpetuité au profit dudit Ordre par nôtre Edit du mois de Janvier 1720, Lesquelles Quittances dudit S.r Grand Tresorier seront passées dans les Estats & Comptes desdits Commis à la Recette du Marc d'Or sans difficulté, préalablement pris & prelevé sur ladite Recette du Marc d'Or les sommes ausquelles se trouveront monter les appointemens ou taxations des Commis à ladite Recette & Controlle, & les fonds necessaires pour les Epices, façons, vacations & frais de reddition des Comptes à rendre en nôtre Chambre des Comptes, que les Commis à ladite Recette retiendront par leurs mains à cet effet; Et avons aussi ordonné que lorsque ladite Recette du Marc d'Or ne se trouvera pas monter par an à ladite somme de Quatre cens mille livres, ce qui deffaudra desdites Quatre cens mille livres sera payé par les Fermiers ou Regisseurs de nos Fermes-Unies, entre les mains du S.r Grand Tresorier de nos Ordres, Et que lors que la Recette du Marc d'Or excedera ladite somme de Quatre cens mille livres, outre & pardessus les dépenses cy-devant mentionnées, la somme à laquelle montera cet excedent sera remise par le Commis à la Recette du Marc d'Or, entre les mains de celuy qui sera en Exercice l'année suivante, qui s'en chargera en Recette dans son Compte, pour estre le fonds provenant dudit excedent, avec ceux de l'année courante, employé au payement desdites Quatre cens mille livres de Rentes deües à l'Ordre, sur les Quittances dudit S.r Grand Tresorier, ainsi qu'il est plus amplement expliqué par ledit Arrest, sur lequel Arrest Nous aurions fait expedier nos Lettres Patentes en datte du même jour 4. Mars 1721. adressées à nôtre Chambre des Comptes pour y estre enregistrées. Mais nous ayant esté representé par nôtre Ordre du Saint Esprit, qu'il seroit intervenu Arrest de nostredite Chambre des Comptes du 15. Mars 1721. qui en ordonnant l'Enregistrement de nosdites Lettres Patentes, auroit en même temps ordonné par son même Arrest d'Enregistrement que les Princes, Prelats, Chevaliers & Officiers de nostredit Ordre du Saint Esprit joüiront des mêmes sommes & sur les mêmes fonds du Marc d'Or & en la même maniere qu'ils avoient accoûtumé d'en joüir avant nôtre Edit du mois de Janvier 1720. registré le 23. Fevrier ensuivant en nôtre Chambre des Comptes, Et non autrement ni pour plus grande somme, à la deduction des Gages, augmentations de Gages, Taxations & autres Droits qui estoient payez aux Tresoriers & Controlleurs du Marc d'Or, lesquels au moyen de la suppression desdits Officiers & des Remboursemens qui leur ont esté faits de la Finance de leurs Offices, seront portez au Tresor Royal, retenu sur iceux ce qu'il nous plaira accorder aux Commis & Controlleurs à ladite Recette du Marc d'Or, Et qu'il sera compté dudit Marc d'Or en la même forme & maniere qu'il en estoit compté avant ledit Edit du mois de Janvier 1720. Sauf ausdits Princes, Prelats, Commandeurs, Chevaliers & Officiers de l'Ordre du Saint Esprit à se pourvoir pardevers nous pour raison des

Creances par eux pretendües sur nous, lequel Arrest détruiroit ou diminueroit considerablement la dotation & fondation de nôtre Ordre du Saint Esprit, que nous jurons solemnellement à nôtre Sacre de maintenir & conserver à jamais, Nous chargeroit d'un Remboursement de Deux Millions cinq cens trente-un mille six cens vingt-deux livres seize sols six deniers envers ledit Ordre, dont nous demeurons quitte au moyen de l'Execution de nôtre Edit du mois de Janvier 1720. détruiroit & annulleroit entierement nostredit Edit du mois de Janvier 1720. enregistré dans toutes nos Cours & en nôtre Chambre des Comptes sans aucune opposition ni remontrance, ce qui seroit également contraire aux Loix du Royaume, à l'ordre de la justice, à nos intentions, & aux veües que nous avons à l'exemple des Roys nos predecesseurs de maintenir nôtre Ordre du Saint Esprit dont nous sommes le Chef & Souverain Grand-Maître, dans toute sa dignité & splendeur. A CES CAUSES & autres à ce Nous mouvans, & aprés avoir fait voir en nôtre Conseil nôtre Edit du mois de Janvier 1720. les deux Arrests rendus en iceluy le 5. Juillet & 19. Novembre 1720. & Lettres Patentes intervenües sur iceux, registrées en nôtre Chambre des Comptes le 9. Janvier 1721. Ensemble l'Arrest rendu en nôtre Conseil d'Estat, Nous y estant, le 4. Mars 1721. les Lettres Patentes intervenuës sur iceluy le même jour, & l'Arrest d'enregistrement de nôtre Chambre des Comptes du 15. du même mois, de l'avis de nôtre tres cher & tres amé Oncle le Duc d'Orleans petit fils de France Regent, de nôtre tres cher & tres amé Oncle le Duc de Chartres premier Prince de nôtre Sang, de nôtre tres cher & tres amé Cousin le Duc de Bourbon, de nôtre tres cher & tres amé Cousin le Comte de Charollois, de nôtre tres cher & tres amé Cousin le Prince de Conty, Princes de nôtre Sang, de nôtre tres cher & tres amé Oncle le Comte de Toulouse Prince legitimé, & autres Pairs de France, grands & notables Personnages de nôtre Royaume, & de nôtre certaine science pleine puiſſance & autorité Royale, Nous avons par ces preſentes ſignées de nôtre main, dit, declaré & ordonné, diſons, declarons, ordonnons, Voulons & Nous plaiſt ce qui enſuit.

ARTICLE PREMIER.

QUE noſtre Edit du mois de Janvier 1720. & l'Arreſt de noſtre Conſeil d'Eſtat rendu Nous y eſtant le 4. Mars 1721. & Lettres Patentes intervenuës ſur iceluy en datte du meſme jour, ſoient executez ſuivant leur forme & teneur, Et en conſequence que noſtre Ordre du Saint Eſprit joüiſſe irrevocablement des Quatre cens mille livres de Rente par chacun an, que Nous luy avons attribuées par noſtre Edit du mois de Janvier 1720. tant pour luy tenir lieu des Six vingt mille Ecus de ſa fondation & dotation, à luy attribuez lors de ſon Inſtitution, que pour demeurer par Nous quitte envers ledit Ordre, des Deux Millions cinq cens trente-un mille ſix cens vingt-deux livres ſeize ſols ſix deniers, dont Nous nous ſommes trouvé luy eſtre redevables, ainſi qu'il eſt porté & expliqué par ledit Edit.

II.

QU'A l'avenir & à commencer pour la preſente année entiere 1721. le S.r Chupin Commis à la Recette du Droit de Marc d'Or, & doublement d'iceluy pour ladite année, & ceux qui ſeront dans la ſuite commis & eſtablis par Ordre du Saint Eſprit pour faire annuellement ladite Recette, ſeront tenus de remettre de mois en mois les deniers provenans dudit Droit de Marc d'Or en entier, entre les mains du S.r Crozat Grand Treſorier de nos Ordres, Et de ceux qui luy ſuccederont en ladite Charge ſur leurs ſimples Quittances, Et ce juſqu'à concurrence des Quatre cens mille livres de Rentes annuelles & perpetuelles, par Nous créées & conſtituées au profit de noſtredit Ordre par noſtre Edit du mois de Janvier 1720. leſquelles Quittances des grands Treſoriers de nos Ordres, ſeront paſſées dans les Eſtats & Comptes deſdits Commis à la Recette du Marc d'Or ſans difficulté,

Et sera néantmoins pris & prelevé sur la Recette du Marc d'Or, les sommes ausquelles se trouveront monter les Appointemens ou Taxations des Commis à ladite Recette & Controlle, & les fonds necessaires pour les Epices, façons, vacations & frais de reddition desdits Comptes du Marc d'Or en nostre Chambre des Comptes, que les Commis à ladite Recette retiendront par leurs mains à cet effet.

III.

LORSQUE ladite Recette du Marc d'Or, ne se trouvera pas monter à ladite somme de Quatre cens mille livres par an, outre & pardessus les dépenses cy-dessus, ce qui défaudra desdites Quatre cens mille livres, sera payé par les Fermiers ou Regisseurs de nos Fermes-Unies, entre les mains du grand Tresorier de nos Ordres, Et en rapportant par les Fermiers ou Regisseurs les Quittances dudit S.r Grand Tresorier, avec un Certificat du Commis à la Recette du Marc d'Or du montant de ladite Recette, de ce qui en revient, & de ce qui aura esté payé à l'Ordre, deduction faite des dépenses cy-dessus mentionnées, Ensemble des Copies collationnées ou ampliations des Quittances fournies par le S.r Grand Tresorier au Commis de ladite Recette du Marc d'Or, ce qui aura esté payé par lesdits Fermiers ou Regisseurs audit S.r Grand Tresorier pour le supplement & parfait payement desdites Quatre cens mille livres, sera passé & alloüé dans leurs Estats & Comptes sans difficulté.

IV.

VOULONS que lorsque la Recette du Marc d'Or excedera dans une année la somme de Quatre cens mille livres, & celle à laquelle monteront les dépenses cy-devant mentionnées, la somme à laquelle montera cet excedent, au lieu d'estre remise par le Commis à la Recette du Marc d'Or, entre les mains de celuy qui sera en Exercice l'année suivante, soit portée en nostre Tresor Royal, Et qu'en rapportant la Quittance du Garde du Tresor Royal deüément controllée, le Commis à la Recette du Marc d'Or en soit &

demeure bien & valablement déchargé, & ladite Quittance passée dans ses Estats & Comptes sans difficulté; Laquelle remise au Tresor Royal, ne pourra néantmoins estre faite qu'aprés que lesdites Quatre cens mille livres de Rentes constituées au profit de nostredit Ordre du Saint Esprit par nostre Edit du mois de Janvier 1720. auront esté entierement payées par ledit Commis à la Recette du Marc d'Or, és mains du Grand Tresorier de nos Ordres, auquel effet Nous avons derogé & derogeons à l'Article III. de nostre Arrest du Conseil du 4. Mars 1721. & Lettres Patentes intervenuës sur iceluy le mesme jour.

V.

ORDONNONS que l'Arrest de nostre Conseil du 5. Juillet 1720. & Lettres Patentes intervenuës sur iceluy, registrées en nostre Chambre des Comptes, par lesquelles le S.r Moufle de Champigny a esté commis à la Recette du Marc d'Or pour l'année 1720. seront executées suivant leur forme & teneur, Et en consequence que ledit S.r de Champigny portera, si fait n'a esté, les fonds dudit Exercice en nôtre Tresor Royal, lesquels seront remis par le Garde de nôtre Tresor Royal entre les mains du Fermier de nos Fermes-Unies, pour estre par luy employez jusqu'à concurrence, au payement des Quatre cens mille livres de Rentes pour ladite année 1720. créées & constituées au profit de nôtre Ordre du Saint Esprit par nôtre Edit du mois de Janvier 1720.

VI.

VOULONS & ordonnons que le contenu en ces presentes soit pleinement & entierement executé selon sa forme & teneur, & ce nonobstant l'Arrest d'Enregistrement de nôtre Chambre des Comptes du 15. Mars 1721. lequel au moyen des presentes demeurera comme nul & non avenu.

SI DONNONS EN MANDEMENT à nos amez & feaux Conseillers les Gens tenans nôtre Chambre des Comptes à Paris, que ces presentes ils ayent à faire lire, publier & enregistrer, & le contenu en icelles garder, observer & executer ſelon leur forme & teneur, & faire joüir nôtre Ordre du Saint Eſprit pleinement & paiſiblement de l'effet & contenu en icelles, nonobſtant tous Edits, Declarations, Reglemens, Ordonnances, Arreſts & autres choſes à ce contraires, auſquels nous avons derogé & derogeons tres expreſſement. CAR TEL EST NOSTRE PLAISIR. En temoin de quoy Nous avons fait mettre nôtre Scel à ceſdites Preſentes. DONNÉ à Paris le dix-huitiéme jour de May, l'an de grace mil ſept cens vingt-un, Et de noſtre Regne le ſixiéme. *Signé* LOUIS. *Et plus bas*, Par le Roy, le Duc D'ORLEANS Regent preſent. PHELYPEAUX. Veû au Conſeil LE PELLETIER DE LA HOUSSAYE. Et ſcellé en queüe de cire jaune.

Regiſtrées en la Chambre des Comptes, Oüy, & ce requerant le Procureur General du Roy, pour eſtre executées ſelon leur forme & teneur, tant & ſi longuement qu'il plaira au Roy, à la charge que les grands Officiers de l'Ordre qui ont des Penſions ſur ledit Ordre n'en pourront joüir qu'en vertu de Lettres Patentes bien & deüement regiſtrées en la Chambre, & que leſdites penſions continüeront d'eſtre payées par les Commis & prepoſez à la recette dudit Droit de Marc d'Or, leſquels en feront l'employ en dêpenſe par chacun an dans les Comptes de la recette dudit Droit de Marc d'Or, qui ſeront par eux rendus en la Chambre, le tout en la maniere accoûtumée; les Bureaux aſſemblez le dix-huitiéme jour de Juin mil ſept cens vingt-un. Signé NOBLET.

www.ingramcontent.com/pod-product-compliance
Ingram Content Group UK Ltd.
Pitfield, Milton Keynes, MK11 3LW, UK
UKHW021043260726
13994UKWH00005B/2338

9 782329 344447